Winnipeg

and other places

Winnipeg
and other places

BERNARD MULAIRE

AT BAY press
WINNIPEG

Winnipeg and other places

This book is a work of fiction. Names, characters, businesses, organizations, places, events, and incidents either are the product of the author's imagination or are used fictitiously.

Photographs courtesy of © 2025 Winnipeg Archives

Design and layout by Lucas c Pauls and M. C. Joudrey.

Published by At Bay Press February 2025.

Library and Archives Canada cataloguing in publication is available upon request.

ISBN 978-1-998779-60-4

Printed and bound in Canada.

This book is printed on acid free paper that is 100% recycled ancient forest friendly (100% post-consumer recycled).

MIX
Paper | Supporting responsible forestry
FSC® C016245
www.fsc.org

First Edition

10 9 8 7 6 5 4 3 2 1

atbaypress.com

Canada Council for the Arts · Conseil des arts du Canada

We acknowledge the support of the Canada Council for the Arts.

Manitoba Arts Council · Conseil des arts du Manitoba

With the generous support of the Manitoba Arts Council.

To Keith Cadieux,
author of *Signal Decay*.

À Keith Cadieux,
l'auteur de *Signal Decay*.

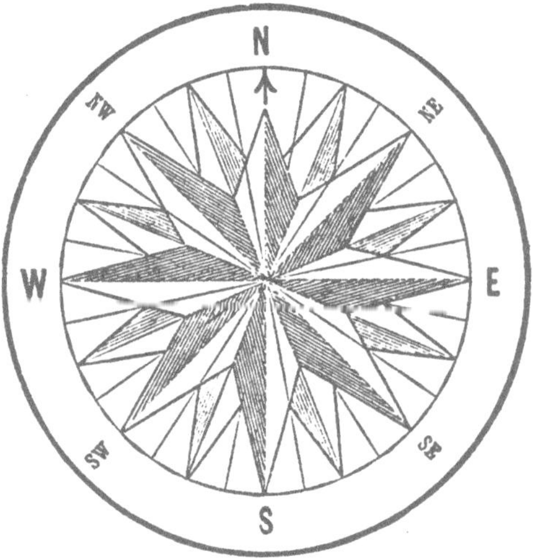
N
NE
E
SE
S
SW
W
NW

André

"Have you ever seen money that has soaked in water for three months?" André's sister asked me. She was treating me to lunch because I'd helped her and her husband clean out André's apartment.

I'd met André at a student conference held at Université Laval's art history department. I was an older student; he was nine years my junior. I remember seeing him sitting by himself, quiet, somehow shy, but his talk had been brilliant. We spoke, we kept in touch. Every two weeks or so, we'd call one another. When I did, he was usually washing his dishes. He'd make himself a cup of coffee and light a cigarette; I'd hear him puffing on it. "I found something you might like," he'd say. I always did. He'd read the quote, give me the source. Mail me a photocopy.

One day he was incensed. We'd both watched a TV movie on Radio-Canada. A housewife burdened with an Alzheimer-stricken husband, and a lazy teenage son, found solace at their family cottage where she met a handsome new neighbour, yearned to see him again. Last scene showed her being beckoned by the neighbour to come join him on his rowboat. She enters the water. "How could they show such a scene on TV?" André asked me angrily. "It should be forbidden!"

Weeks went by, no news from André. He wasn't answering my calls. I went to his apartment. No answer. I rang the *concierge*. She hadn't seen him in a while. I rang a neighbour. She remembered him cleaning up, throwing out bags full of stuff. I contacted his sister. We called the police. The sergeant looked around: "Thirty-seven years old? Bachelor? Unemployed? It's a suicide." André's brother showed up. I suggested we publish a photo of André in the papers. "Maybe he's come down with amnesia, is wandering downtown not knowing who he is." Brother vetoed. "What will the family think?"

The following spring, André's body surfaced between the Sorel islands. He had $300 on him. At McDonald's his sister handed the pink $20 bill to the pink-cheeked girl at the counter. The hamburger was delicious.

La boîte à trésors

Ma marraine et grand-tante Laeticia aimait raconter qu'à l'âge de trois ans, j'ai dessiné une girafe. Je ne me souviens plus de la girafe, mais je me souviens du tiroir dans sa cuisine rempli de bouts de papier, de crayons et de gommes à effacer. Ce tiroir, à l'arôme si doux, était pour moi une véritable boîte à trésors. Je garde encore aujourd'hui des bouts de papier pour noter mille et une choses. J'en ai dans presque toutes les pièces de mon appartement.

One last look

One last look before closing the door. Wandering the streets. Lying down on the sidewalk amidst passers-by. Oblivious to noise. Forever.

Décorations de Noël

Enfant, j'adorais les décorations de Noël dont une religieuse parait l'hospice Taché où ma grand-mère maternelle résidait. Résidait. Quel grand mot, vu l'étroite chambre qu'elle partageait avec deux dames. Trois lits se cherchaient une place, en plus d'une commode qui réservait un tiroir à chacune.

Malgré tout, quelle magie s'emparait du vieil immeuble durant le temps des fêtes. Avec des bouts de papier et de carton, des boules et des rubans dépareillés, la religieuse, une véritable artiste, transformait l'entrée, le parloir et les couloirs en des lieux féériques ornés de calligraphies chantant la Noël. Et qu'était magnifique la crèche installée sur le palier principal! Habitée par des statuettes défraîchies, même des poupées, elle proclamait les joies de la Nativité.

La religieuse artiste a-t-elle jamais su à quel point ses talents émerveillaient le garçonnet venu voir sa grand-mère?

EE-AW-KEE at Kildonan Park

We'd agreed to yell EE-AW-KEE if an emergency came up. Our school was having its annual fall outing at Kildonan Park. I was fourteen and assigned to one of the two teams playing handkerchief. The idea was to run after a member of the opposite team and grab the handkerchief dangling from his belt. Back side. He ran faster than I did. In the bushes, I turned around, nearly stepped on it. I yelled EE-AW-KEE. A tough guy on my team came running. "It's a store mannequin," he declared, bending over to touch a pointing finger. The skin moved. He screamed. Early dewy morning, pinkish matter had spattered all over the surrounding bushes. We learned he was a twenty-year-old student at U of M. He'd sawed off a 330 rifle.

Pink Matter

The young man was lying on his back/in the damp morning dew/pink matter had splattered on surrounding bushes/in the damp morning dew.

Les beignes nature

Notre institutrice (j'avais 12 ans) à l'école Provencher nous avait demandé d'apporter à l'école un dessert que nous achèterions entre nous au profit des Missions. Ma mère avait dû piger dans son budget pour que je participe. Elle m'avait dit de me procurer des petits beignes nature, peu chers, cela nous privant quand même d'un dessert à la maison. Or, horreur! D'autres élèves avaient apporté des gros beignes sucrés. Humilié, j'ai prétendu adorer les petits beignes nature et je les ai presque tous achetés avec mes propres sous pour éviter qu'ils restent là. Aujourd'hui, ce sont les petits beignes nature que je préfère.

Who was he?

Early morning at the sauna. In his early twenties. Lying there, naked. I entered his room, touched him. He woke up. Surprised. His friend, his companion, his lover had died of AIDS. I offered to stay with him. He declined with a smile.

Who was he?

Le bon Père

Le bon Père avait l'air tellement coupable quand je l'ai surpris dans une salle de classe, au Collège, en train de photographier un de mes camarades contre le tableau noir. Fort contraint, le bon Père prit également ma photo. C'était juste avant son départ précipité pour le Québec.

Ces choses ne s'annonçaient pas.

Les senteurs de Taxco

La mémoire est une faculté étonnante. Dans ma jeune vingtaine, j'ai séjourné à Taxco au Mexique avec une copine. L'autre jour, je regardais une vidéo sur cette ville, diffusée sur Google. À la vue des rues de Taxco que je reconnaissais, me sont revenues, sans que je puisse me l'expliquer, les senteurs qui imprégnaient les rues de Taxco. Sans doute un parfum de plantes, de fleurs, avec un relent de la pourriture des fruits, ou simplement de la chaleur, de la moiteur. Subitement, devant mon écran, j'étais revenu à Taxco.

Strobe lights

La Isla Bonita, Dancing Queen, I Love to Love. Skimpily clad youths gyrating on loudspeakers. Room packed with bodies jerking under strobe lights. A cloud of cigarette smoke. I'm standing at the back. Watching. Wishing it would never end.

Roma la Bella

Je ne me souviens plus si j'ai trouvé Rome sale. Le Trastevere m'avait paru pauvre, sans doute, mais j'arrivais de Philadelphie où j'avais souvent été obligé de traverser le ghetto de North Philly. J'avais vu Times Square à New York avant le nettoyage, le Bronx lunaire... Alors les poussières millénaires de Rome... ? J'étais probablement sous le charme de ses couches d'histoire. Y avait-il des graffitis à Rome « dans mon temps »? Ils ne devaient pas être pires que ceux de Philadelphie. Et n'est-ce pas que toutes les grandes villes européennes ont été des cloaques?

C'est vrai que les graffitis du Trastevere actuel semblent omniprésents. J'en ai vu dans une vidéo qui vantait la *dolce vita.* La Ville éternelle survit aux barbares depuis des siècles. Elle survivra aux barbares de notre temps. Quand j'étais à Rome, le copain d'une camarade de classe suivait un cours dans un institut de restauration des antiquités. Il y avait tellement à faire que personne ne faisait rien. À l'impossible nul n'est tenu, n'est-ce-pas? Ce proverbe a dû surgir à *Roma la Bella.* Allons donc nous balader via del Corso. La journée est si belle.

Eyes closed

Anyone could enter this gay bar. Sort of clandestine. Bank managers, husbands, students, drug addicts, hustlers. The chaps clad doorman welcomed us all in. Furniture was black metal drums. Pool tables on one side; a small dance floor on the other. *Djobi Djoba, Power of Love, Love is in the Air.* I swayed, eyes closed.

Toronto, Mila et Dushka

J'avais fait le tour des galeries dans le quartier de Yorkville, mon portfolio sous le bras, Yorkville où tous les artistes de Winnipeg rêvaient d'exposer. Plus tard, Suzanne et moi en avons hébergé plus d'un venu promouvoir ses œuvres à Toronto. Une fois, j'ai guidé Jack dans Yorkville. Quelle tête il faisait quand j'entrais et que les galeristes (surtout des femmes) me saluaient avec des « Hi! Bernard! ». Jack est presque mort quand le célèbre propriétaire de la Isaacs Gallery fit de même. Et encore plus quand je l'ai amené à Factory 77.

Mes amis connaissaient une Yougoslave, Dushka Arezina, d'environ 40 ans, auparavant secrétaire de Dali, qui voulait ouvrir une galerie d'art contemporain à Toronto. Elle avait loué un espace dans un entrepôt qui se transformait en ateliers d'artistes. La bande se mit en tête d'aider Dushka à nettoyer l'espace, le peindre... Moments d'effervescence, dont l'exposition inaugurale à laquelle j'ai participé.

Devant Jack, Dushka me reçut les bras ouverts, *kiss kiss*... la dame très volubile... Dans cet entourage, il y avait aussi Mila, la soeur de Dushka. Le glamour est-européen, l'accent. De plus, Mila parlait français... J'ai cru que Jack allait s'évanouir.

Hot summer Sunday afternoons

Nothing could be drearier than hot summer Sunday afternoons in Winnipeg. The town was deserted. Everyone had gone to the beach. Luckily my brother had given me his old bicycle so I could ride around by myself. Then there were the dogs. Hundreds of dogs, hiding behind the hedges, waiting to pounce on me, bite my ankles. Even the dogs were bored on hot summer Sunday afternoons in Winnipeg.

My Fairy Godmother

The project assigned to us kids at the School of Art's Saturday Morning Art Classes, in the old Law School building, was to make a string puppet. I made a Fairy Godmother. My maternal grandmother helped me dress it up. It needed a fancy gown and I decorated it with toy jewelry. One day my grandmother put a bit of makeup on me. I don't remember why. And off I went to the corner store to buy more toy jewelry. Was I making a crown for my Fairy Godmother? The owner glanced at me. When I got back home, I remembered the makeup on my face.

My best friends were two girls my age, ten or eleven, sisters. I'd often go to their house and I'd play with my puppet. One day the girls weren't there, so I waited for them in the living room. Finally, their mom came in, told me the girls wouldn't play with me anymore. I was too old to play with dolls, and I was a boy.

New York

J'ai vu New York complètement « arrêtée » un jour de Noël. Daniel et Peggy m'avaient amené chez Susan, une de leurs connaissances qui recevait durant l'après-midi. Photographe très cotée, notre hôtesse habitait dans Greenwich Village sur Avenue of the Americas. La rue était déserte. Sur le trottoir, nous avons sonné à l'adresse indiquée. Les portes s'ouvrirent sur l'ascenseur.

Les New Yorkais m'impressionnaient. Il s'agissait d'être admis dans un groupe, même sélect, pour que les rapports avec les autres se fassent de façon directe, sans prétention. Contrairement au Québec ou au Canada, rien ne tournait autour de « Qui êtes-vous? », « D'où venez-vous? », mais de « What do you do? ».

Sans plus, je me suis retrouvé en conversation avec une rectrice d'université : « What do you do? »

On devait comprendre une chose : si on vous donnait une chance, *you had better live up to it,* car il n'y en aurait pas d'autre.

Six squares for Christmas

I was eight. Our family had moved to St. Boniface just before Christmas and my father hadn't been paid at his new job. Our mom told my sister, my brother, and me that we wouldn't get our gifts on Christmas Day like usual, but instead on New Year's Day. She seemed troubled by this but added that this is how things were when she was a girl.

New Year's Day came around and I got the very puzzle I'd picked out at Eaton's toy department. It cost one dollar, more likely ninety-nine cents. It showed an Arabian street scene with men wearing turbans. There were camels and palm trees. I loved it. My sister gave me a box of candy she'd made at school using a box of wooden matches she'd decorated to look like a sleigh. I was thrilled. And my godmother gave me pyjamas, like she did every year. I expected this, comfy pyjamas, great!

At school, our teacher told us to draw lines on a piece of paper creating six squares in which we were to draw our Christmas presents. Dilemma, I'd only gotten three presents. I noticed my classmates were filling all six squares. I added a train, a ball…Five out of six wasn't too bad, I thought. But it did leave me with the strange feeling that my family was poor and that I had somehow missed out on Christmas.

Wonderful!

Phyllis et Tom, des amis de Daniel et Peggy, nous invitèrent à dîner. Daniel avait enseigné à Phyllis au International Center of Photography. Dans la soixantaine, nos hôtes possédaient un grand appartement sur la 5th Avenue. Gardien à la porte qui contrôlait l'arrivée des invités, ascenseur particulier, une voisine croisée par hasard : « My book is coming out at Random House. » « Wonderful! »

Tout l'ameublement chez Phyllis et Tom était vieillot, cependant que tout était signé (« That Art Deco side-table? Oh, that's a Dufrêne. We've always had it. MoMA has one too. »). Et ils allaient malheureusement rater la première de la

Traviata au Metropolitan Opera, malgré leur abonnement dans les premières rangées, parce que Phyllis avait organisé un voyage en Inde pour prendre les photos de son prochain livre.

Le décor rappelait les films de Woody Allen. Beaucoup de monde. L'amabilité, cette façon sans façon d'interagir, même avec moi, l'ami des amis. Tom meublait sa retraite en s'occupant de petites affaires. M'en parla comme avec un pote.

La caméra se pose un instant sur Daniel et Phyllis, aperçus en conversation intime appuyés sur le cadre d'une porte. En fin de soirée, notre hôtesse nous offrit des pots de ses confitures maison. « Wonderful! »

The cop could spot homos

The tall Winnipeg cop stood in front of the classroom. Grade 12 called *Belles-Lettres* at St. Boniface College. Why had she come? Crime prevention week? She mentioned depraved homos. She looked directly at each one of us, said she could spot a homo anytime anywhere. I turned red as a beet, wanting to crawl under my desk. She'd spotted me.

No one ever knew why

Sixty-seven-year-old single gay man. No known health problems, no known financial problems. Well-educated. Esteemed by the community. Played an important role in society. He joined old friends at a party, entrusted personal items to his brother who never asked why. Left envelopes on his kitchen table ready to be mailed to family members and friends. His body was found along the banks of the Red River.

Chez les riches

Lazaro m'avait donné rendez-vous à l'atelier du peintre Julian Schnabel dans Greenwich Village où il travaillait. La fille de Schnabel revenait de Londres, armes et bagages. Elle avait abandonné ses études à la Slade School of Fine Art. Un camion de déménageur rapportait ses affaires de l'aéroport, y compris ses Picasso, Braque et, bien sûr, ses Schnabel.

Lazaro me raconta que l'épouse de « Julian » prétendit dans une soirée : « I don't spend on clothes. Look: I got this blouse in Madrid for 10 $, this skirt in Rome for 15 $, my shoes in Paris for..." » Elle oubliait ses frais de voyage! En première classe.

The mink coat

The old man passed away. Prayers were held at Coutu Funeral Home on Marion Street in St. Boniface. The corpse wore glasses, grinned at the bereaved. His widow stood by the casket saying: "I'll finally get a mink coat."

Kennedy Street

Policemen in droves storming the building. On Kennedy Street. One of them asked me for my apartment number. I'd only been living there for a week, gave my neighbour's number. Bad move. He'd been killed. Drug deal. My apartment was the only one to cover the whole length of the building. All the other tenants were multi-dwellers. Beer cases lined walls. A stony-eyed toddler roamed the hallways, was seen playing by the garbage cans at night. A bunch of teenagers came pounding on my door. They were looking for my neighbour, a woman. She screamed: "I'm at home here, I'm a mother." I'd seen her husband or some man drag her in once. She was Romanian, played recordings of haunting Gypsy music, very loud. Violins penetrating the depths of the human soul, then working themselves up to a frenzy. I've loved Gypsy music ever since.

Le portfolio

Pauline avait soumis un portfolio à une galerie d'art contemporain. Des mois passèrent sans nouvelles. Exaspérée, elle m'envoya le chercher. Bredouille, la réceptionniste me demanda : « Euh, Pauline xxx vous dites? Je ne trouve rien à ce nom. » Son patron galeriste non plus. Finalement, elle fouilla dans une boîte sous son bureau. Miracle! Elle y trouva le portfolio qui n'avait jamais été ouvert. Au moins Pauline a pu ravoir son portfolio... intact.

Le choc de l'image

Tout ça me fascinait. Je n'avais jamais étudié la linguistique, et voilà que je m'étais inscrit à l'UQÀM en études des arts, programme axé sur la sémiologie.

La professeure donna son cours sur la symbolique de l'image sans jamais en montrer une, si ce n'est à la toute fin de la session quand, surprise! elle projeta une diapo et déclara : « Le choc de l'image. »

Mrs. Moffat

Mrs. Moffat was in her early nineties. She lived in a rooming house on Edmonton Street, she'd always been the caretaker. When she first came to Winnipeg from Ontario, back in the 1910s, the neighbourhood around Central Park housed eager workers like her. She married. Never had children. When her husband passed away, she kept on as the caretaker, collected cash from the tenants, though it wasn't the same kind of people as before. A woman died of a coat hanger abortion in one of the rooms. Some didn't use the toilet, preferring the floor along the bathroom walls. Mrs. Moffat cleaned it up.

Mrs. Moffat was an amateur artist. Made greeting cards and small oil paintings, using illustrations she'd kept or making up her own compositions. They showed wives running after their husbands with a rolling pin, a cat stumbling on an open can of paint, spreading the contents on the parlour floor. Mrs. Moffat loved to laugh. A few art students and I discovered her work at the Polo Part

Art Fair in St. James. We were enthralled and bought all we could. She had a soft spot for one of the guys, I never quite trusted him, especially after he sneaked into her house and startled her from behind. "What a scare he gave me," she laughed. One day her house went up in flames. Someone had thrown a cigarette butt at a curtain closing off a storage space under the staircase, right by her door. *The Winnipeg Free Press* published a photo of her being carried out by a fireman. The Salvation Army came to the rescue, but she must have told them her friends would take care of her. Services booked a room for her at the McClaren Hotel on Main Street, where I found her. She was still in her housedress, no slippers, burns on her feet, hadn't eaten for two days, no sink in the room, communal bathroom at the end of the hallway. She asked that I try to retrieve a box containing money she'd hidden in her kitchen. I was lucky. Not so with the box in her desk of drawers. The wood had expanded due to water and the drawers were shut tight. It was probably full of her photos. The next day I returned hoping to find more of her belongings. I found thieves had stripped the place of all remaining contents, every single piece of furniture, the desk of drawers included, pictures, dishes, clothing, whatever. It was all gone.

La Coupole

La Coupole! Mythique brasserie! André travaillait au théâtre de la Gaîté Montparnasse à l'ombre de la tour du nom. Le théâtre offrait à ses clients un forfait dîner/spectacle en collaboration avec la Coupole. André obtint des passes pour m'y amener avec son conjoint Yann. Devançant les touristes qui faisaient la file sur le trottoir, il murmura quelques mots au portier. Le maître d'hôtel nous conduisit à une table sous le regard médusé des touristes qui patientaient au bar. Les serveurs tirèrent les chaises, les flûtes de champagne apparurent. J'étais ébahi de me retrouver dans ce lieu fréquenté jadis par Picasso et ses amis, puis moins glorieusement par les Nazis durant l'Occupation. La rumeur veut qu'autrefois la salle au sous-sol accueillait les dames d'un certain âge à la recherche d'un gigolo.

La baronne au théâtre

La baronne belge avait loué le théâtre de la Gaîté Montparnasse pour présenter sa pièce d'un genre « cul sur la commode ». Elle demanda à André d'aller chercher des antiquités chinoises dans sa Mercedes noire garée non loin. Ils serviraient de décor et son chauffeur les lui remettrait. André s'exécuta, mais ne vit qu'une Mercedes blanche. Il revint auprès de la baronne qui se rappela qu'en début de journée, elle avait dit à son chauffeur de prendre la Mercedes blanche. Après la première représentation, des autocars conduisirent les invités chez Maxim's : Catherine (Deneuve), Claude (Lelouch), Isabelle (Adjani)...

Walk on the wild side

At Guy-Favreau YMCA in Montréal the aerobics instructor finished her class by having participants, mostly secretaries, lie down on the floor for a final rest period. "Hey babe, take a walk on the wild side," sang Lou Reed. "Holly shaved her legs and then he was a she... Candy... little Joe never gave it away... Sugar Plum Fairy, Jackie... and the coloured girls go doo do doo do..." If Toulouse-Lautrec's paintings can adorn umbrellas, why can't downtown secretaries walk on the wild side?

Stéphane

Bar de la Couronne in Old Québec was a run-down neighbourhood tavern. Lone men sipped their beers at small tables, watching young male strippers. On the makeshift stage, runaways, small-time delinquents, hustlers, disheveled, put tokens in a jukebox and danced to "Lady in Red" or "Ils s'aiment." The nineteen-ish waiter, lean,

came up to me. "Hi! You come here often? I've never seen you before. What's your name?" His name was Stéphane. All smiles. When I returned to Québec City, I went looking for Stéphane at Bar de la Couronne, looking for his smile. Feeling his body brush against mine.

Loïs porte Zara

En août prochain, André et Yann iront à Vigo en Galice avec leur fillette Loïs, 10 ans. Ils visiteront Maria-Teresa, une amie d'André qui a étudié avec lui à l'UQÀM.

André et Yann veulent montrer à Loïs où ils se sont rencontrés, il y a de ça déjà 27 ans. Cela remonte à 1994, quelques mois après le décès d'Alain, le premier conjoint d'André.

Le sort avait voulu que Yann, de neuf ans le cadet d'André, poursuive des études dans une école internationale à Vigo. Il y était allé avec une copine, Esther, que les parents de Yann croyaient être sa petite amie. Mais non, Yann s'était avoué à Esther qui, de son côté, cherchait ses propres aventures. Pour s'amuser, ils aimaient prendre un verre dans un bar gai.

Or, voici qu'un soir apparut un Canadien. Coup de foudre. Et comme André séjournait chez Maria-Teresa, il ramena Yann chez elle. Romance empressée, André revint à Montréal, Yann abandonna ses études, rentra à Paris, annonça à ses parents qu'il partait pour Montréal. Désemparés, ses parents le pensaient attirés par une secte quelconque établie au Québec.

Maintenant, André et Yann veulent montrer à Loïs le début de leur histoire. Hier, les papas ont parcouru Paris pour l'habiller en prévision du voyage. Arrêt obligé chez Zara, la boutique préférée de Loïs. « Tu aimeras Vigo », ses papas la rassurèrent-ils, « parce que la marque Zara a été créée en Galice. »

Dottore Dompé

"Contact her when you get to Rome," my classmate at Temple's Tyler School of

Art in Philly told me. "She loves helping out foreign students." Temple had offered me a scholarship at Tyler's Rome school. Dottore Dompé, in her sixties, taught art history at a major university. She could help me find an apartment and invited me to dinner at her place in Trastevere. There was another guest, a fortyish lady. They talked about Sicilian mothers who initiated their thirteen-year-old sons to sex. I must have turned crimson. Did I have charms only older women appreciated in lanky mid-twenty-year-old Canadian art students? Dottore Dompé recommended I call on a friend of hers. He was my age, somehow bum-like I found. How could he be her friend? He swindled me out of money, pretending it would pay for his gas while he motorcycled around Rome trying to help me. After a while, I found an apartment by myself near *Ponte Sant'Angelo* leading to the *castel* of the same name. It was a furnished *garconiere*, the type of small apartment all self-respecting Roman men kept to entertain their mistresses.

La camisole

Un jeune homme s'est assis à une table près de la mienne dans un café. Il était vêtu d'une camisole serrée qui lui allait à merveille. Moi, je portais ma chemise la plus ample. Nous n'avions pas les mêmes atouts à faire valoir.

Le regard du désir

Le regard du désir m'a toujours anéanti. Comment peut-on le supporter, même le provoquer?

Ce regard me terrifiait, comme s'il me faisait perdre mon humanité. Dans les bars, je tentais d'humaniser les conversations, ce qui était la pire des choses. On me l'a reproché.

Au sauna

Veille de Noël dans un sauna. Des restes de pizza froids sous un petit sapin clignotant sur une table au bout d'un couloir.

Miss Donat

Miss Donat (pronounced Dough-naw in French) came to live with her aunt in Paris when he was in his teens. The island boy was soon hustling at nearby Place Pigalle. An old prostitute gave him sound advice: "Always wear thick makeup so men won't want to kiss your face." At fifty, Miss Donat claimed to have had *"les plus grosses queues de Paris."*

A friend of mine had bought a small studio apartment on rue André-Antoine right above Pigalle. Miss Donat and her cohort L'Algérienne were regulars of the street. L'Algérienne had had large breast implants done. "At our age," she said, "you have to be competitive." Both were well-liked in the neighbourhood. Kindergarten teachers would exchange warm hellos when they passed by with their charges. Old ladies felt safe knowing the girls looked out for them.

One day I tried to go to my friend's *studette* but the code he'd given me didn't open any of the front doors. I knew he knew Miss Donat and L'Algérienne, so I went up to them. Miss Donat was standing at her usual spot on the corner, while L'Algérienne was sitting on a pillar across the street. "I'm a friend of the *Canadien,*" I said. "What is his address?" Miss Donat turned to L'Agérienne: *"Le p'tit Canadien,* is he at number thirteen or number fifteen?" "Number thirteen," came the reply. She was right. I thanked them both, Miss Donat especially. I said I'd seen her photo in *Paris March* magazine. They'd done a spread on Montmartre at night and published a photo of her standing under a *lampadaire. "D'accord,"* she answered in her gravelly voice.

Not long afterwards, Miss Donat died of a heart attack. Her "husband"—a married man—cleaned out the *studette* she rented on André-Antoine. He threw all her wigs, dresses, heels, into the gutter.

Violence

Des écrivains gais québécois publient des ouvrages extrêmement violents, notamment Kevin Lambert, *Tu aimeras ce que tu as tué* et *Querelle de Roberval.* Des bombes. Sans oublier Nicholas Giguère, *Queues* et *Quelqu'un.* Au rayon du sado-maso, Louis-Michel Lemonde, *Un amour,* ou Luc Mercure, *Port de mer* et *Le goût du Goncourt.*

Et là, je découvre Larry Tremblay, *Tableau final de l'amour,* inspiré de la relation masochiste qui a sévi entre le peintre britannique Francis Bacon et son modèle George Dyer. OUF! Quand le sang fait bander. Moi non, mais quelle écriture!

Au McDo

On voit bien sûr des jeunes au McDo de mon quartier. Café et muffin pour 2,30 $, ça attire.

Mais il y a aussi des vieux, seuls, et une cohorte de gens qu'on dirait « défavorisés »

... qui forment, on s'en rend compte, une communauté assez joviale. Ils se parlent d'une table à l'autre, vont fumer dehors, rentrent boire leur Coke géant... C'est tout un spectacle. C'est un autre Montréal, dans mon quartier.

Question de karma

La semaine dernière, j'ai trouvé quatre vinyles neufs de collection dans le métro. Je les ai apportés au guichetier pour qu'il les achemine au comptoir des objets trouvés installé dans la station Berri/UQÀM.

Hier, j'ai perdu mon chapeau aviateur dans le métro. Je l'avais acheté chez le chapelier Henri Henri à Montréal. Cet après-midi, je suis allé au comptoir des objets trouvés. Mon chapeau m'attendait.

Et si c'était le propriétaire des vinyles qui l'avait trouvé?

"Cuando calienta el sol"

Puerto Vallarta. I'd left my friends André and Alain alone in our room. I rejoiced for them. Along the boardwalk, tall palm trees moved gently against a pitch-dark sky. On my left, grand old hotels, all windows lit. In the restaurants I could see entire families enjoying Christmas dinner. Americans, probably.

I paused on a lovers' bridge to look at water trickling underneath. Young couples came by. Honeymooners, I thought. One fellow tapped on my shoulder. I turned around. He smiled.

In a nearby bar, a guitarist sang: *"Cuando calienta el sol aquí en la playa."* The tune stayed with me for the longest of times.

L'odeur

Le barbier Frank arpente les rues du quartier de Kensington à Philadelphie pour capter sur vidéo la vie des toxicomanes qui y affluent de partout aux États-Unis. L'intersection des avenues Kensington et Allegheny, appelée familièrement K&A, et les alentours offrent le spectacle de loques humaines en quête d'une prochaine *fix*. L'héroïne et le fentanyl se vendent librement devant les policiers qui n'interviennent même pas à la vue des drogués qui s'injectent. Les services publics cueillent les morts sur les trottoirs et dans les *squats*.

Ancien toxicomane, Frank raconte dans une de ses vidéos que 80 % des drogués du quartier souffrent de plaies béantes sur leur corps, car le fentanyl mêlé à toutes sortes d'autres substances les ronge de l'intérieur. Il le sait par l'odeur de putréfaction qui se dégage de leur chair.

Tout avait disparu

Il m'arrivait souvent d'échanger quelques mots avec une dame qui passait ses après-midis assise sur une caisse dans le « dépanneur » du coin, comme autrefois les clients s'éternisaient au « magasin général ». La dame, dans la soixantaine, était toujours souriante bien que ses jambes la fissent souffrir. Elle habitait pas loin avec son mari, mais cessa peu à peu de venir au dépanneur. Des dames me dirent qu'elle ne pouvait plus descendre de chez elle. Aujourd'hui, j'ai croisé une de ses amies. Elle m'a appris que le mari était décédé et que la dame avait été « placée ». Hier, on a vidé leur appartement en laissant le tout sur le trottoir. Ce matin, il n'en restait plus rien.

La vie après

Tous les objets chez nous rappelaient quelqu'un ou un moment de la vie familiale. La méridienne aux pates de lion avait appartenu à mon arrière-grand-mère, comme les coupes à vin en verre soufflé, la *Rêveuse* en bronze et le coffre à bijoux en bois. Tel plat, tel vase, telle cuillère avaient été offerts en cadeau de mariage à mes parents par une tante, des cousines ou les amies de ma mère. Le moulin à café, la cloche à vache, le fusil de chasse venaient de la famille de mon père. Nos collections de photos, souvent regardées, assuraient d'autant plus la mémoire des disparus.

Il est mon dada, en mes 79 ans, de confier à des personnes sûres les objets qui m'entourent, bibelots et œuvres d'art, tout en sachant que ces objets auront probablement une signification autre pour mes dépositaires.

Depuis le début des temps, l'humanité veut croire en la vie après la mort. Les avis de décès à teneur religieuse affirment que le trépassé est parti retrouver ses bien-aimés.

Mais si, en fin de compte, la vie après la mort se passait ici sur Terre, grâce aux seules traces, aux seuls souvenirs, que nous aurons laissés derrière nous?

Photo: Yann Foucault

BERNARD MULAIRE is a French Canadian Métis, Winnipeg-born and educated artist, art historian and writer. His book Caricatures won the Association for Manitoba Archives' Manitoba Day Award while *Flâneries et souvenances,* a collection of short texts, was highlighted in the Montreal gay monthly magazine Fugues. As an artist he exhibited at the Winnipeg Art Gallery and at Gallery Moos in Toronto. He contributed to the *Canadian Biographical Dictionary* and to *Allegmeines Künsterlexikon* (Leipzig), as well as to major catalogues published by the Montreal Museum of Fine Arts and the Musée national des beaux-arts du Québec. He has also published in the Université de Saint-Boniface's *Cahiers franco-canadiens de l'Ouest* and in *Nuit Blanche* literary magazine.

OUR AT BAY PRESS ARTISTIC COMMUNITY

Publisher
Matt Joudrey

Managing Editor
Alana Brooker

Substantive Editor
Paul Savoie

Copy and Proof Editor
Courtney Bill

Graphic Designer
Lucas c Pauls

Layout
Lucas c Pauls & Matt Joudrey

Publicity and Marketing
Savita Singh